Hokkaido, Zucchini und Co.

Hokkaido, Zucchini und Co.

Meine besten Kürbisrezepte

Markus Wagner

Jan Thorbecke Verlag

VERLAGSGRUPPE PATMOS

PATMOS
ESCHBACH
GRÜNEWALD
THORBECKE
SCHWABEN

Die Verlagsgruppe
mit Sinn für das Leben

MIX
Papier aus verantwortungsvollen Quellen
FSC® C004592

Für die Schwabenverlag AG ist Nachhaltigkeit ein wichtiger Maßstab ihres Handelns. Wir achten daher auf den Einsatz umweltschonender Ressourcen und Materialien. Dieses Buch wurde auf FSC®-zertifiziertem Papier gedruckt. FSC (Forest Stewardship Council®) ist eine nicht staatliche, gemeinnützige Organisation, die sich für eine ökologische und sozial verantwortliche Nutzung der Wälder unserer Erde einsetzt.

www.thorbecke.de

Gestaltung: Markus Wagner, Stuttgart
Umschlaggestaltung: Finken & Bumiller, Stuttgart
Druck: Firmengruppe Appl, Wemding
Hergestellt in Deutschland
ISBN 978-3-7995-0882-7

Inhalt

Herbstzeit ist Kürbiszeit *6*

Vorspeisen und Suppen: Gefüllte Zucchiniblüten *10* | Kürbis-Chutney *12* | Kürbis-Pickles *12* | Kürbis-Carpaccio *14* | Kürbis-Mousse *16* | Kürbis-Salat mit Feldsalat und Walnüssen *18* | Klare Kürbis-Suppe mit Huhn *20* | Kokos-Kürbis-Suppe *21* | Muskatkürbis-Suppe *22* | Kürbis-Ingwer-Suppe *24* | Kürbis-Räucherfisch-Suppe *25*

Hauptspeisen: Bachsaibling mit Kürbis-Kartoffelbällchen und Petersilienpesto *28* | Butternutsoße mit getrockneten Kirschtomaten, Chili und Estragon *30* | Kalbsbries und Kürbismus *32* | Kürbis-Eintopf mit Alblinsen *34* | Kürbis-Gorgonzola-Soße mit Sepianudeln *36* | Kürbis-Risotto mit Speck vom Mohren-köpfle *38* | Kürbis-Teigtaschen *40* | Patisson-Püree mit Herbsttrompeten und Kernöl *42* | Supreme vom Perlhuhn mit Kürbis-Sellerie-Gemüse *44* | Schwarzwurzel-Kürbis-Quiche *46*

Beilagen: Kartoffel-Kürbis-Puffer *50* | Kürbis-Gnocchi *52* | Kürbis-Püree *54* | Kürbis in Butter geschmälzt *55* | Kürbis-Curry *56* | Kürbis-Flammkuchen *58* | Kürbis-Pesto *60* | Panierte Kürbisspalten *63* | Kürbis-Chips *63*

Süßes: Gebrannte Kürbiskerne *66* | Kandierter Kürbis *66* | Kürbis-Aprikosen-Konfekt *68* | Kürbis-Hefezopf *70* | Kürbis-Kompott *71* | Kürbis-Strudel *72* | Parfait mit Öl vom steirischen Ölkürbis *74* | Kleine Kürbis-Torte *76* | Kürbli-Kuchen *78* | Kürbis-Krapfen *80* | Kürbis-Marmelade *82* |

Anhang: Grundrezepte Hefeteig süß und salzig/Gemüsebrühe/Hühnerbrühe/Fleischbrühe *85* | Register *87* | Bildnachweis/Dank/Autoreninfo *88*

Herbstzeit ist Kürbiszeit

Inzwischen hält der Handel wieder eine große Vielfalt dieser interessanten Gurkengewächse bereit. Das wohlschmeckende Gemüse passt gut zur kühleren Jahreszeit. Durch seinen eher milden Geschmack gleicht es sich vortrefflich den unterschiedlichsten Geschmacksrichtungen an und ist so für eine Vielzahl von wunderbaren Gerichten gut geeignet.

Wenn Sie im Herbst die ersten Kürbisse auf den Märkten sehen und die Auswahl am größten ist, decken Sie sich mit den interessantesten Sorten ein und experimentieren Sie damit. Ein großer Vorteil dieses Gemüses ist die gute Haltbarkeit. Kaufen Sie zum Einlagern nur Kürbisse ohne erkennbare Schäden oder Macken, denn wenn die Schale auch nur leicht verletzt ist, kann der Kürbis recht schnell verderben. Lagern Sie sie lichtgeschützt in einem kühlen, aber frostfreien Keller. Dann können Sie sich bis spät in den Winter an deren Vielfalt und Wohlgeschmack erfreuen.

Dieses Kochbuch will Ihnen die zahlreichen Möglichkeiten des Kürbisses zeigen und schlägt den Spannungsbogen von Vorspeise und Salat über die Beilage bis zum Hauptgang und Nachtisch, ergänzt durch Chutney- und Marmeladenrezepte. Im Anhang finden Sie einige wichtige Grundrezepte in meiner persönlichen und erprobten Abwandlung. Das Buch gibt Anregungen und macht Spaß: Neben den Rezepten finden sich Variationen zu jedem Gericht – Sie können sich daran halten, Sie können aber auch variieren und eigene Kreationen schaffen. Auch zwischen den Kürbissorten gibt es große Unterschiede in Konsistenz, Textur und Geschmack. Zum Beispiel müssen Hokkaidokürbis und Zucchini nicht geschält werden, die meisten anderen Sorten schon. Es gibt Kürbisse zudem in fast allen Farben und Formen. Da Kürbisse Geschmack gut aufnehmen können, eignen sie sich für die Kräuterküche. Wenn im Rezept Rosmarin steht, Sie aber nur Oregano haben, probieren Sie diese Kombination einfach aus! Auch Zutaten können ausgetauscht werden: Statt Crème fraîche geht auch Crème double, Creme légère oder der gute alte Sauerrahm. Vielleicht schmeckt es dann etwas anders und sogar besser – wer weiß?

Das Buch ist kein Kochbuch für Vegetarier, obwohl viele Gerichte eine vegetarische Basis haben. Es gibt einige Hauptgerichte mit Fisch und Fleisch, bei denen es sich aber meist um Erweiterungen des Kürbisgerichts handelt. Das entscheiden Sie selbst. Natürlich können Sie jedes Gericht mit Hühner- oder Fleischbrühe mit Gemüsebrühe kochen und jederzeit den Speck weglassen. Fast alle Gewichtsangaben können nach individuellem Gusto abgewandelt werden. Nur bei Backrezepten halten Sie sich besser genau an die Angaben, da kann eine Veränderung der Mengen zu erheblichen, auch unerwünschten Resultaten führen. Wenn nicht anders angegeben, beziehen sich die Mengenangaben auf vier Personen.

Viel Spaß beim Kochen und großen Genuss beim Essen wünscht Ihnen

Stück
1,50

Kürbis mix

Vorspeisen und Suppen

HAUER
MÜHLE
Jahre

Gefüllte Zucchiniblüten

Zutaten

Teig: 250 g 630er-Dinkelmehl | 1 Ei | 125 ml Weißwein oder Gemüsebrühe | 10 g Hefe | 1 TL Salz | Pfeffer | 1 EL Olivenöl | 1 l Frittieröl | Nach Geschmack kann auch mit Muskat und/oder Kreuzkümmel gewürzt werden, das gibt dem Teig eine interessante Note.
Füllung: 250 g Ricotta | 1 Ei | Salz | Pfeffer | etwas Chili (nach Geschmack) | 1 Knoblauchzehe | frische Gartenkräuter wie Petersilie, Kerbel, Zitronenmelisse, Pfefferminze, Borretsch, Oregano, Schnittlauch
Pro Person rechnet man nach Größe 1–2 weibliche Blüten. Sie sind etwas größer als die männlichen und sitzen schon auf einer kleinen Zucchini. Vor der Füllung der Blüten muss deren Stempel herausgebrochen werden.

Zubereitung

1 Für den Hefeteig das Mehl in eine Schüssel geben, eine Vertiefung in die Mitte drücken, das Ei und den Weißwein oder die Gemüsebrühe dazugeben, die Hefe hineinbröckeln, salzen und pfeffern, das Olivenöl zugeben und mit einem Rührgerät oder einem Rührlöffel zu einem geschmeidigen Teig mit zähflüssiger Konsistenz rühren. Nach Geschmack kann noch etwas Wein zugegeben werden, der Teig sollte aber zähflüssig bleiben. Zugedeckt ca. 1 Stunde gehen lassen. ***2*** Für die Füllung alle Zutaten zerkleinern und mit Ricotta und Ei zu einer geschmeidigen Crème zusammenrühren. ***3*** Die Zucchiniblüten vorsichtig säubern und mit der Crème füllen. Mit Schnittlauch vorsichtig zubinden. ***4*** Das Frittieröl auf ca. 180 °C erhitzen (das Öl ist heiß genug, wenn sich am Stiel eines Holzlöffels Bläschen bilden). ***5*** Den Backteig kurz durchschlagen. ***6*** Die gefüllten Blüten vorsichtig durch den Hefeteig ziehen, bis sie mit Teig bedeckt sind. Sofort ins heiße Frittierfett geben. Darauf achten, dass die Temperatur des Fetts nicht durch zu viele Blütensäckchen zu stark sinkt: Am besten jeweils nur zwei bis drei Blüten gleichzeitig frittieren. ***7*** Wenn der Teig rundherum gebräunt ist, die Blüte aus dem Fett nehmen und auf Küchenkrepp abtropfen lassen. Auf angewärmten Tellern servieren.

Tipp

Das Frittierfett kann nach Abkühlen und Filtrieren noch ein- bis zweimal verwendet werden. Die Füllung kann auch variieren. Wer mag, kann auch eine Farce aus gehackter, gebratener Hähnchenbrust mit Kräutern und saurer Sahne herstellen. Gut dazu passt Salat oder auch junger, kurz blanchierter Spinat, auf dem die Blüten angerichtet werden.

Kürbis-Chutney

Zutaten

600 g Butternutkürbis | 1 großer säuerlicher Apfel (z. B. Boskoop) | 150 ml Weißwein | 200 g Schalotten | 2 EL Sonnenblumenöl | 5 EL Rohrzucker | 2 EL Senfkörner | 2 TL rote Pfefferbeeren | 150 ml weißer Balsamico | 150 ml Gemüsebrühe | 1 frische Chilischote | Salz | Pfeffer

Zubereitung

1 Kürbis und Apfel schälen, entkernen und in Würfel schneiden. Die Apfelwürfel mit einem Teil des Weißweins übergießen, damit sie nicht braun werden. Die Schalotten in feine Würfel schneiden und in Öl anbraten, ohne dass sie Farbe annehmen. ***2*** In einem größeren Topf den Rohrzucker, die Senfkörner und die roten Pfefferbeeren erhitzen, bis der Zucker anfängt zu karamellisieren. Mit Essig, Weißwein und Gemüsebrühe ablöschen, die Zwiebeln, die in Ringe geschnittene Chilischote, Apfel und Kürbis hinzugeben, nach Geschmack salzen und pfeffern und 12 Minuten zugedeckt bei schwacher Hitze köcheln lassen. ***3*** Sollte zu viel Flüssigkeit vom Kürbis aufgesogen worden sein, noch etwas Wasser zum Chutney geben und erneut aufkochen. In gereinigte Twist-Off-Gläser füllen und sofort verschließen. Das Chutney hält sich im dicht verschlossenen Glas mehrere Monate.

Tipp

Das Kürbis-Chutney passt als Vorspeise gut zur Kürbis-Mousse oder zu Feldsalat, kann aber auch nach dem Hauptgang zum Käse gereicht werden.

Kürbis-Pickles

Zutaten

400 g Butternutkürbis | 200 g kleine Schalotten | 300 ml Rotwein | 50 ml weißer Balsamico | 1 Stängel Rosmarin oder Thymian | Pfefferkörner | Senfkörner | 3 TL Meersalz

Zubereitung

1 Den Kürbis schälen und in große Würfel schneiden, die Schalotten schälen. ***2*** Den Rotwein in einem Topf aufkochen und auf die Hälfte reduzieren. Essig, Rosmarin, Pfeffer- und Senfkörner und das Salz zugeben. ***3*** Die Schalotten in den Sud geben und 8 Minuten köcheln lassen. Dann den Kürbis dazugeben und weitere 6 Minuten köcheln lassen. ***4*** In saubere Gläser abfüllen. Gekühlt sind diese gut eine Woche haltbar.

Tipp

Das Gericht schmeckt auch gut mit Sommerkürbis (Zucchini) und Staudensellerie statt Zwiebeln. Der Rotwein sollte dann durch einen fruchtigen Weißwein ersetzt werden. Gut passt dazu auch die abgeriebene Schale einer halben Bio-Limette.

Kürbis-Carpaccio

Zutaten

1 kleiner Butternut- oder Hokkaidokürbis | Kürbiskernöl | 1 Zitrone oder Limette | Schnittlauch | feines Meersalz (Fleur de Sel)

Zubereitung

1 Den Butternutkürbis schälen und mit dem Messer oder einem scharfen Gemüsehobel in hauchfeine Scheiben schneiden. *2* Aus Kürbiskernöl und dem Zitronen- oder Limettensaft eine Marinade herstellen und den Kürbis darin 1 Stunde ziehen lassen. *3* Auf flachen Tellern anrichten, mit ein wenig Marinade überziehen und mit Schnittlauchröllchen und einer Prise Fleur de Sel servieren.

Tipp

Kann auch mit Walnussöl und gerösteten Walnüssen zubereitet werden. Dazu passt eine dünn geschnittene Scheibe luftgetrockneter Schinken oder gehobelter Parmesan. Lecker ist das Carpaccio auch mit Zedratzitronenscheiben (aus ihnen wird Zitronat hergestellt). Dann ist es durch die angenehme Säure der Zitronen allerdings fast ein Salat.

Kürbis-Mousse

Zutaten

150 g Kürbis (Hokkaido) | 150 ml Gemüsebrühe | 1 EL Weißweinessig | Cayennepfeffer | Salz | 5 Blatt weiße Gelatine | 200 g Schlagsahne

Zubereitung

1 Den gereinigten, entkernten und in Würfel geschnittenen Hokkaido in der stark gewürzten Gemüsebrühe aufkochen, weich dünsten, pürieren und abkühlen lassen. Man kann den Kürbis schälen, die Mousse wird dann gleichmäßiger in Farbe und Konsistenz, kann den Kürbis aber auch ungeschält verwenden. Mit Essig, Cayennepfeffer und Salz abschmecken. ***2*** Die Gelatine nach Vorschrift auflösen und diese mit der noch gut handwarmen Kürbismasse vermengen. ***3*** Die geschlagene Sahne vorsichtig unter die Kürbismasse heben. ***4*** In eine passende Form geben und im Kühlschrank fest werden lassen. ***5*** Einen Eisportionierer oder Esslöffel in heißes Wasser tauchen und damit Nocken von der Mousse abstechen. Auf flachen Tellern mit etwas Feldsalat, Kürbiskernen und Kürbiskernöl servieren.

Tipp

Bitte beachten Sie, dass die Grundmasse kräftig gewürzt wird, da die Masse durch die Sahne erheblich milder schmeckt. Sie können auch mit unterschiedlichen Kürbis- bzw. Gemüsesorten mehrfarbige Mousse herstellen.

Kürbis-Salat mit Feldsalat und Walnüssen

Zutaten

250 g Butternutkürbis | 20 g Butter | 1 Stängel Rosmarin | Salz | 200 g Feldsalat oder ein Mischsalat aus jungem Spinat, Roter Bete und Kerbel | 6 EL Walnussöl | 3 EL weißer Balsamico | 1 TL Ahornsirup | Pfeffer | 60 g Walnusskerne

Zubereitung

1 Kürbis schälen und in Würfel schneiden. In Butter mit dem Stängel Rosmarin weich dünsten und mit Salz abschmecken. ***2*** Den Feldsalat putzen und waschen. ***3*** Die restliche Rosmarinbutter, Öl, Essig und Sirup in einem Schraubglas zu einer Vinaigrette vermengen, bis sie emulgiert. Mit Salz und Pfeffer abschmecken. ***4*** Die Walnusskerne in einem Topf trocken anrösten. ***5*** Den Salat und die Kürbiswürfel auf einem flachen Teller anrichten, Vinaigrette nach Geschmack darübergeben und mit den Walnüssen verzieren.

Tipp

Anstelle von Walnüssen und Walnussöl können auch Kürbiskerne und Kernöl verwendet werden. Das verändert den Charakter des Salats erheblich. Da das Kernöl sehr intensiv nussig schmeckt, sollten 2 EL Kernöl mit 4 EL kaltgepresstem Sonnenblumenöl verlängert werden.

Klare Kürbis-Suppe mit Huhn

Zutaten

1 Hühnerbrustfilet | Sonnenblumenöl | 1 kleine Stange Lauch | 200 g Kürbis (Butternut- oder Muskatkürbis) | 750 ml Hühner- oder kräftige Gemüsebrühe | 50 g Glasnudeln | Petersilie und/oder Schnittlauch (optional)

Zubereitung

1 Das Filet klein schneiden und mit Sonnenblumenöl scharf anbraten. Das Huhn aus der Pfanne nehmen und den in Ringe geschnittenen Lauch kurz hineingeben, ohne dass er Farbe annimmt. Den Kürbis schälen und würfeln. *2* Die Hühnerbrühe aufkochen und die Kürbiswürfel ca. 6 Minuten darin auf kleiner Flamme blanchieren. *3* Wasser in einem weiteren Topf zum Kochen bringen und die Glasnudeln nach Vorschrift gar ziehen lassen. *4* Zum Anrichten heiße Brühe mit Kürbis auf die Teller verteilen und Hühnerbrust, Glasnudeln und Lauch dazugeben. Wer will, kann frisch geschnittene Kräuter (Petersilie, Schnittlauch) über die Suppe streuen.

Tipp

Als Einlage eignen sich auch geröstete Brotwürfel oder klassische Suppennudeln. Oder asiatisch mit frischem Koriander, Ingwer, Zitronengras und gebratenen Tofuwürfeln.

Kokos-Kürbis-Suppe

Zutaten

400 g Kürbis (Hokkaido, Butternut- oder Muskat) | 2 EL Erdnussöl | 2 Knoblauchzehen | frische oder getrocknete Chili | 600 ml Hühnerbrühe | 250 ml Kokosmilch | Salz | Pfeffer | Curry | 3 EL Limettensaft

Zubereitung

1 Kürbis waschen, Kerne entfernen und klein schneiden. Hokkaidokürbis muss nicht geschält werden, Butternut- oder Muskatkürbis schälen. *2* Im Erdnussöl Kürbis kurz andünsten, Knoblauch und Chili dazugeben, kurz mitbraten, ohne dass diese Farbe annehmen, mit Hühnerbrühe ablöschen und die Kokosmilch zugeben. 10 Minuten köcheln lassen. *3* Mit dem Pürierstab pürieren. Mit Salz, Pfeffer, Curry und Limettensaft abschmecken.

Tipp

Mit Chili und Curry vorsichtig würzen. Nicht jeder empfindet die kräftige Schärfe dieser Gewürze als angenehm. Die gängigen Currymischungen sind auch nicht jedermanns Sache. Da hilft es, selbst welche zu mischen oder gute Qualität zu kaufen.

Muskatkürbis-Suppe

Zutaten

4 kleine Muskatkürbisse | 3 Schalotten | Butter | 500 ml Gemüsebrühe | 1–2 EL weißer Balsamico | 200 ml Sahne | Salz | Pfeffer | 20 g Kürbiskerne | Brotwürfel (optional) | Schnittlauch

Zubereitung

1 Die Kürbisse waschen und den Deckel abschneiden. Die Kerne entfernen und die Kürbisse so aushöhlen, dass Suppenterrinen entstehen. Das Kürbisfleisch klein schneiden und zur Seite stellen. ***2*** Die Schalotten klein schneiden und in einem Suppentopf in Butter glasig dünsten. Das geschnittene Kürbisfleisch dazugeben, mit der Gemüsebrühe auffüllen und zum Kochen bringen. 10 Minuten auf kleiner Flamme kochen lassen, bis der Kürbis weich ist. ***3*** Mit dem Pürierstab pürieren, den Essig dazugeben und mit der Sahne auffüllen. Nach Geschmack würzen. ***4*** Sollte die Suppe zu dickflüssig sein, mit etwas Wasser auf die gewünschte Konsistenz verdünnen. Die Kürbiskerne in einer Pfanne trocken rösten, Brotwürfel in Butter anrösten, die Suppe heiß in die Kürbisterrine füllen. Einige Kürbiskerne und geschnittenen Schnittlauch auf die Suppe geben und servieren.

Tipp

Anstelle von Sahne kann auch Crème fraîche verwendet werden. Wer die Suppe mit weißen Patisson-Kürbissen ausprobieren will, kann auch mit Kürbiskernöl arbeiten, das gibt der Suppe eine herrlich grüne Farbe. Allerdings sind diese flachen Kürbisse mit ihrer harten Schale schwierig auszuhöhlen. Wer es scharf mag, kann auch Chili oder Piment d'Espelette verwenden. Und wenn die Suppe etwas kräftiger sein darf, passen auch gebratene Speckwürfel oder eine gebratene Speckscheibe sehr gut.

Kürbis-Ingwer-Suppe

Zutaten

600 g Kürbis (Hokkaido, Butternut oder Muskat) | 3 Schalotten | Butter | 500 ml Gemüse- oder Fleischbrühe | 10 g Ingwer | Salz | Pfeffer | Schnittlauch und/oder Petersilie

Zubereitung

1 Kürbis waschen und die Kerne entfernen. Der Hokkaido muss nicht geschält werden. Das Kürbisfleisch klein schneiden. *2* Schalotten klein schneiden und mit dem Kürbis zusammen in einem Suppentopf in Butter anbraten. *3* Mit Gemüse- oder Fleischbrühe oder auch nur mit Wasser auffüllen und aufkochen. *4* Den Ingwer sehr klein schneiden und zur kochenden Suppe geben. 12 Minuten bei kleiner Hitze köcheln lassen, bis der Kürbis weich ist. *5* Mit dem Pürierstab pürieren und mit Salz und Pfeffer abschmecken.
6 Mit Schnittlauchröllchen und/oder gehackter Petersilie im Teller servieren.

Tipp

Diese Suppe ist gut für alle Tage. Da Kürbisse gut lagerfähig sind und sich auch Ingwer gut hält, kann man die Grundzutaten im Herbst immer daheim haben. Die Suppe ist schnell gemacht und wärmt schön auf. Natürlich kann sie auch abgewandelt werden: mit Zitronengras und Koriander oder mit Knoblauch. Wer will, kann eine Handvoll Erdnüsse mörsern und als zusätzliche Geschmacksvariante zur Suppe geben oder einfach nur gehackte Nüsse jeder Art darüberstreuen. Auch Sahne, ein Spritzer Weißwein oder Sauerrahm passen gut dazu.

Kürbis-Räucherfisch-Suppe

Zutaten

500 g Kürbis (Hokkaido, Butternut oder Muskat) | 3 Schalotten | Butter | 250 g Räucherfisch (Saibling, Forelle, Lachsforelle) | 500 ml Gemüse- oder Fleischbrühe | Salz | Pfeffer | Muskat | 1 EL weißer Balsamico | 200 ml Sahne | Schnittlauch (optional)

Zubereitung

1 Kürbis waschen und die Kerne entfernen. Der Hokkaido muss nicht geschält werden. Das Kürbisfleisch klein schneiden. *2* Schalotten klein schneiden und in einem Suppentopf in Butter glasig anbraten. Das geschnittene Kürbisfleisch und die Hälfte des Räucherfischs dazugeben, mit Gemüse- oder Fleischbrühe auffüllen und zum Kochen bringen. 10 Minuten auf kleiner Flamme kochen lassen, bis der Kürbis weich ist. *3* Mit dem Pürierstab oder im Mixer pürieren. Mit Salz, Pfeffer und Muskat würzen, den Essig dazugeben, mit 100 ml Sahne auffüllen und nochmals aufkochen. *4* Den Rest der Sahne schlagen und den Rest des Fischs klein schneiden. Die Suppe im Teller mit einem Klecks geschlagene Sahne verzieren und die Fischstückchen auf die Sahne legen. Wer mag, kann auch noch etwas Schnittlauch darüberstreuen.

Tipp

Diese kräftige Herbst- und Wintersuppe gewinnt noch an Geschmack, wenn man 5 g getrocknete Waldpilze in heißem Wasser einweicht, sie klein hackt und mit dem Einweichwasser vor dem Kochen zur Suppe gibt. Gut schmeckt auch kross in der Pfanne angebratener Räucherschinken. Wer die vegetarische Variante bevorzugt, kann auch dünn geschnittene Räuchertofuscheiben kurz anbraten und in der Suppe servieren.

Hauptspeisen

Bachsaibling mit Kürbis-Kartoffelbällchen und Petersilienpesto

Zutaten

1 Bund glatte Petersilie | 150 g Walnüsse | 70 g Parmesan | 1 Knoblauchzehe | Pfeffer | Salz | 150 ml Walnussöl | 500 g Butternutkürbis | 4 mittelgroße festkochende Kartoffeln | Butter | 100 ml Gemüsebrühe | 80 ml Sahne | 4 Bachsaiblingsfilets | 1 EL Mehl

Zubereitung

1 Für das Pesto Petersilie waschen, trocknen und grob zerkleinern. Die Walnusskerne ohne Fett in der Pfanne rösten. *2* Petersilie, 120 g Walnüsse, geriebenen Parmesan, Knoblauch sowie Pfeffer und Salz in den Mixer oder die Küchenmaschine geben und klein hacken. Langsam mit dem Walnussöl auffüllen und weiter hacken, bis die gewünschte Konsistenz erreicht ist. *3* Butternutkürbis schälen, entkernen und mit dem Kugelausstecher Kürbiskugeln stechen. Mit den Kartoffeln genauso verfahren. *4* Wasser zum Kochen bringen und die Kürbiskugeln 4 Minuten und die Kartoffelkugeln 6 Minuten blanchieren. *5* 1 EL Butter und die Gemüsebrühe in einen Topf geben und um zwei Drittel einreduzieren. Die Sahne und die Kartoffel- und Kürbisbällchen dazugeben und 5 Minuten bei milder Hitze köcheln lassen. Mit Salz und Pfeffer abschmecken. *6* Die Fischfilets reinigen, mit Küchenkrepp trocknen, auf der Hautseite leicht mit Mehl bestäuben, pfeffern und salzen. *7* Butter in eine Pfanne geben und vorsichtig erhitzen. Die Butter darf leicht Farbe annehmen, aber keinesfalls zu heiß werden, da sie sonst verbrennt. Die gewürzten Filets mit der Fleischseite nach unten in die Pfanne legen und 2 Minuten anbraten. Auf die Hautseite drehen und 5 Minuten kross anbraten. Kurz vor dem Anrichten die restlichen gerösteten Walnüsse dazugeben. *8* Auf angewärmten Tellern das Fischfilet mit der Hautseite nach oben anrichten, zwei große Löffel Kürbis-Kartoffelbällchen und Petersilienpesto nach Geschmack dazugeben und gehackte, geröstete Walnusskerne darüberstreuen. Schön sieht auch feingewiegte Petersilie über dem Pesto aus.

Tipp

Gutes Walnussöl ist ein Traum, ranzig gewordenes ein Alptraum. Leider passiert das schnell. Walnüsse und ihr Öl werden schnell ranzig. Deshalb nur beim Händler Ihres Vertrauens kaufen. Alternativ dazu kann auch Haselnuss-, Mandel- oder gutes Olivenöl verwendet werden. Natürlich kann auch hier wieder abgewandelt werden. Fisch und Gemüse schmecken selbstverständlich auch ohne Kugelausstecher. Auch muss es kein Saibling sein: Ähnlich gut sind Forelle oder Felchen, auch Zander ist lecker.

Butternutsoße mit getrockneten Kirschtomaten, Chili und Estragon

Zutaten

250 g Kirschtomaten | 600 g Butternutkürbis | 4 EL Olivenöl | 1 Knoblauchzehe | 150 ml Gemüsebrühe | 2 Stängel frischer Estragon | 1 Messerspitze Harrissa-Chilipaste | Salz | Pfeffer

Zubereitung

1 Die Tomaten waschen, halbieren und auf ein mit Backpapier belegtem Backblech im Backofen bei 100 °C (90 °C Umluft) 90 Minuten trocknen lassen. Der Wasserverlust verdichtet das Tomatenaroma enorm. *2* Kürbis schälen, entkernen und in Würfel schneiden. In einem Topf in Olivenöl 3 Minuten scharf anbraten und nach 2 Minuten die gehackte Knoblauchzehe dazugeben. Am Ende der Bratzeit mit der Gemüsebrühe ablöschen und die kleingewiegten Estragonblätter, die Chilipaste und Salz und Pfeffer nach Geschmack dazugeben. 10 Minuten bei geschlossenem Deckel köcheln lassen. *3* Vor dem Anrichten die getrockneten Kirschtomaten dazugeben.

Tipp

Diese Soße passt gut zu Spinat-Linguine oder anderen Pastasorten. Die Tomaten müssen nicht getrocknet werden, sondern können in einer gesonderten Pfanne bei mittlerer Hitze 10 Minuten mit etwas Olivenöl und einem TL Zucker karamellisiert werden. Wer es etwas deftiger mag, schneidet 100 g spanischen Chorizo in Stücke oder Scheiben und brät diese ein paar Minuten mit. Eine weitere deftige Variante verwendet Fetakäse: Dazu 150 g Feta zerbröckeln und zum Erhitzen 5 Minuten zu den Kirschtomaten in den Backofen geben.

Kalbsbries und Kürbismus

Zutaten

500 g frisches Kalbsbries | 1 Zwiebel | 3 Nelken | Salz | schwarzer Pfeffer | weißer Pfeffer | 4 EL Mehl | Butter | 2 Schalotten | 500 g Muskatkürbis | 150 ml Fleischbrühe | 100 ml Sahne | 50 ml Weißwein | Schnittlauch

Zubereitung

1 Kalbsbries beim Metzger vorbestellen. Das Bries 2 Stunden in einer Schüssel wässern. Dabei mehrfach das Wasser wechseln. Das Bries reinigen, Haut abziehen und in leicht siedendem, gesalztem Wasser 15 Minuten ziehen lassen. Legen Sie zwei mit den Nelken gespickte Zwiebelhälften ins Wasser, das verbessert den Wohlgeschmack des Bries. *2* Das Bries in fingerdicke Scheiben schneiden, mit Salz, schwarzem und weißem Pfeffer würzen, in Mehl wenden und in reichlich Butter braun ausbacken. *3* Butter erhitzen und etwas Farbe annehmen lassen, fein gehackte Schalotten darin anschwitzen, geschälten und kleingeschnittenen Kürbis, Fleischbrühe, Sahne und Weißwein zugeben, würzen und den Kürbis weich kochen. Mit dem Pürierstab fein zu Mus pürieren. Nochmals abschmecken. *4* Auf vorgewärmten Tellern jeweils eine Scheibe Bries auf einem Musspiegel mit frisch gehacktem Schnittlauch bestreut servieren.

Tipp

Bries ist die Thymusdrüse des Kalbs, die dessen Wachstum steuert. Die Lebensmittelskandale der vergangenen Jahre haben dazu geführt, dass Innereien zu Unrecht in Verruf gekommen sind. Das Bries ist etwas Besonderes. Gut zum Bries passt ein Feldsalat mit Kürbis, Äpfeln und gerösteten Kürbiskernen.

Kürbis-Eintopf mit Alblinsen

Zutaten

200 g Alblinsen oder Berglinsen | 2 Lorbeerblätter | 1 kleine Zimtstange | 3 Schalotten | 150 g Rauchfleisch | Butter | 1 Knoblauchzehe | 400 g Hokkaidokürbis | 500 ml Gemüsebrühe | 3 EL Tomatenmark | Salz | Pfeffer | Frühlingszwiebeln | Schnittlauch

Zubereitung

1 Die gewaschenen Linsen, die Lorbeerblätter und die Zimtstange in einen Topf mit 1 l Wasser geben und bei schwacher Hitze 30 Minuten köcheln lassen, bis die Linsen noch leichten Biss haben. Lorbeerblätter und Zimtstange entfernen. *2* Die Schalotten und das Rauchfleisch klein schneiden und in einem zweiten Topf in Butter kurz anschwitzen, kurz den gehackten Knoblauch dazugeben. *3* Den gewürfelten Kürbis, die Linsen mit dem restlichen Kochwasser, die Gemüsebrühe sowie das Tomatenmark dazugeben. Mit Salz und Pfeffer würzen und noch weitere 10 Minuten köcheln lassen. *4* Frühlingszwiebeln nicht zu fein schneiden und untermischen. *5* In tiefen Tellern mit frischem Schnittlauch bestreut servieren.

Tipp

Linsen nehmen beim Kochen viel Flüssigkeit auf. Sollten die Linsen zu stark eindicken, einfach etwas Gemüsebrühe oder Wasser dazugeben. Optimal ist es, wenn die Linsen etwas knackig sind und der Kürbis noch nicht zerfällt. Dieses Gericht ist ein herzhaftes und wohlschmeckendes Herbstgericht, das durch einen Schuss Säure in Form von weißem Balsamico noch gewinnen kann. Jede Art von Wiener Würsten passt gut zum Essen. Linsen werden weltweit gegessen und sind besonders wertvoll durch den hohen Eiweißgehalt. Durch ihre große Verbreitung gibt es viele unterschiedliche Arten. Probieren Sie einfach aus: Ob Tellerlinsen, Le Puy-Linsen oder rote Linsen, ob Currypaste, Ingwer oder Kokos, ob als Gemüse, Suppe oder Salat – alles ist möglich!

Kürbis-Gorgonzola-Soße mit Sepianudeln

Zutaten

300 g Hokkaidokürbis | 2 Schalotten | 1 Knoblauchzehe | 3 EL Olivenöl | 300 ml Hühnerbrühe | 1 Stängel Zitronenthymian oder Thymian | 100 g Gorgonzola | 100 g Mascarpone | Salz | Pfeffer | 400 g Sepianudeln (diese Nudeln sind anthrazitfarben und haben einen feinen Fischgeschmack. Gefärbt werden sie mit Sepia-Tinte) | 50 g Parmesan

Zubereitung

1 Den Kürbis reinigen, entkernen und in Würfel schneiden. *2* Die Schalotten und den Knoblauch fein hacken und in einem Topf im Olivenöl andünsten, ohne dass sie Farbe annehmen. Den Kürbis dazugeben, kurz braten und mit der Hühnerbrühe ablöschen. Bei milder Hitze und mit geschlossenem Deckel 10 Minuten köcheln lassen, bis der Kürbis die Brühe nahezu aufgenommen hat. Den gehackten Thymian dazugeben und für weitere 4 Minuten köcheln lassen. *3* Den Kürbis mit der Gabel zerdrücken, Gorgonzola und Mascarpone einrühren und nach Geschmack mit Salz und Pfeffer würzen. *4* Die Nudeln nach Vorschrift kochen und abgießen. *5* Auf gewärmten Tellern auf die Nudeln einen Klecks Soße in die Mitte setzen, mit gehacktem frischem Thymian bestreuen und den geriebenen Parmesan darüberstreuen.

Tipp

Ein ganz anderes Gericht entsteht, wenn man den Gorgonzola und den Mascarpone weglässt und gebratene Sepia dazu serviert. Diese unter fließendem Wasser reinigen, ausnehmen und in Stücke schneiden. Mit einer gehackten Schalotte in Olivenöl kräftig anbraten. Mit etwas Weißwein und der Hühnerbrühe angießen, den Kürbis dazugeben und gar kochen.

Kürbis-Risotto mit Speck vom Mohrenköpfle

Zutaten

400 g Hokkaidokürbis | 1 l Hühnerbrühe | 200 g Bauchspeck vom Schwäbisch-Hällischen Landschwein | Butter | 3 Schalotten | 1 Stängel Rosmarin | 250 g Risottoreis | 250 ml Weißwein | weißer Pfeffer | Salz | 50 g eingelegte, getrocknete Tomaten | 40 g gehobelter Parmesan | Petersilie | Schnittlauch

Zubereitung

1 Kürbis reinigen, entkernen und in Würfel schneiden. Hühnerbrühe zum Kochen bringen und den Kürbis darin 3–4 Minuten blanchieren. Den Kürbis aus der Brühe nehmen. *2* Den Bauchspeck in kleine Würfel schneiden und mit wenig Butter in einem kleinen Topf kross anbraten. *3* In einem ausreichend großen Topf die kleingeschnittenen Schalotten und den gehackten Rosmarin in Butter anschwitzen, ohne dass sie Farbe annehmen. Dann den Reis hinzufügen und 1 Minute unter Rühren in der Butter anbraten. *4* Mit 100 ml Weißwein und einer Kelle Hühnerbrühe ablöschen und unter Rühren bei mäßiger Wärmezufuhr weiterkochen. Sobald die Flüssigkeit vom Reis aufgenommen wurde, Hühnerbrühe dazugeben. Der Reis darf nicht am Boden ankleben. Diesen Vorgang wiederholen, bis der Reis noch leichten Biss hat. Das Risotto sollte cremig und dickflüssig sein. Den blanchierten Kürbis hinzugeben und noch einige Minuten ziehen lassen. Mit dem restlichen Weißwein abschmecken und auf die gewünschte Konsistenz bringen. Mit Pfeffer und Salz würzen. Zum Schluss einige Butterflocken, die gehackten eingelegten Tomaten, einen guten Teil des krossen Bauchspecks und des geriebenen Parmesans zum Risotto geben. Auf flachen Tellern anrichten und mit Petersilie, Schnittlauch, Parmesan und einigen Würfeln Bauchspeck bestreuen. Sofort servieren.

Tipp

Eigentlich ist das Risotto schon ein vollständiges Essen. Man kann das Gericht aber auch erweitern: Zusätzlich zum Kürbis kann – passend zum Herbst – auch Rosenkohl blanchiert werden. Das schmeckt gut und steuert noch ein frisches Grün und viel Geschmack zum Essen bei. Wer es kräftig mag, kann kurz gebratene Schweinefilet-Medaillons dazu servieren oder ein Ragout aus Schweinebäckchen. Dazu passt ein Feldsalat mit Walnusskernen, Rote-Bete-Salat oder natürlich ein Kürbis-Salat (Seite 18/19).

Kürbis-Teigtaschen

Zutaten

Nudelteig: 350 g Hartweizenmehl | 6 Eier | 1 EL Olivenöl | 2 TL Salz |
Füllung: 250 g Hokkaidokürbis | 100 ml Geflügelbrühe | 150 g Ricotta | 1 Ei | 50 g Parmesan | frische Kräuter (Basilikum, Petersilie, Schnittlauch, Zitronenthymian) | Salz | Pfeffer
außerdem: 1 Eigelb | Kürbiskernöl | Kürbiskerne | frische Kräuter | etwas Parmesan

Zubereitung

1 Für den Nudelteig das Mehl auf die Arbeitsfläche geben, eine Vertiefung hineindrücken und Eier, Olivenöl und Salz in die Vertiefung geben. ***2*** Von der Vertiefung aus den Teig kneten. Von innen nach außen das Mehl aufarbeiten, bis ein glatter Teig entsteht. In Frischhaltefolie wickeln und eine halbe Stunde im Kühlschrank ruhen lassen. ***3*** Mit der Nudelmaschine oder dem Nudelholz dünn ausrollen. ***4*** Für die Füllung den Kürbis reinigen, entkernen und in Würfel schneiden. ***5*** In der Brühe kochen, bis der Kürbis weich ist und die Flüssigkeit aufgesogen hat. Kurz abkühlen lassen und in einer Schüssel mit einer Gabel zerdrücken. ***6*** Mit dem Ricotta, dem Ei und den frischen, gehackten Kräutern vermischen und mit Salz und Pfeffer würzen. Den geriebenen Parmesan dazugeben und einrühren. ***7*** Aus dem ausgerollten Nudelteig mit einem Ausstecher mit 8 cm Durchmesser Kreise ausstechen und diese mittig mit einem Teelöffel Füllung versehen. ***8*** An zwei Außenkanten mit einem Backpinsel dünn Eigelb oder ein wenig Wasser auftragen und an den Kanten zusammendrücken. ***9*** In siedendem Salzwasser in 5 Minuten gar ziehen lassen. Die Teigtaschen sinken im Wasser erst nach unten und tauchen dann wieder auf. Noch kurz ziehen lassen, mit einer Siebkelle aus dem Wasser holen und abtropfen lassen. ***10*** Auf angewärmten Tellern servieren, mit etwas Kürbiskernöl beträufeln, mit frischen, gehackten Kräutern der Saison dekorieren und etwas Parmesan und die gerösteten Kürbiskerne darüberstreuen.

Tipp

Eine leichte Safransoße passt gut zu den Teigtaschen. Dafür 2 gehackte Schalotten in Butter oder Olivenöl anschwitzen, mit 100 ml Weißwein und 100 ml Hühnerbrühe ablöschen und auf ein Viertel einreduzieren lassen. Mit einer Messerspitze gemahlenem Safran anfärben und mit etwas Salz und Pfeffer nach Geschmack würzen. Mit einigen Stücken kalter Butter binden und zu den Teigtaschen servieren.

Patisson-Püree mit Herbsttrompeten und Kürbiskernöl

Zutaten

150 g frische oder 15 g getrocknete Herbsttrompeten | 1 Patissonkürbis (ca. 1 kg) | 100 g Wurzelsellerie | 250 ml Gemüsebrühe | 100 ml Milch | Muskat | Salz | Pfeffer | 2 Schalotten | 20 g Butter | 5 Stängel glatte Petersilie | 3 EL Kürbiskernöl | Kürbiskerne

Zubereitung

1 Die Herbsttrompeten reinigen und klein schneiden. Getrocknete müssen vor Gebrauch in heißem Wasser eingeweicht und zum Quellen gebracht werden. Das Wasser ist zwar reich an Aroma, aber auch an Farbe, kann also weggeschüttet werden. ***2*** Den Kürbis schälen, entkernen und in Würfel schneiden. Den Sellerie klein schneiden. Beides in einem Topf mit der Gemüsebrühe aufsetzen und in 15 Minuten bei milder Hitze weich kochen. Danach pürieren. ***3*** In einer Stielkasserolle die Milch erhitzen, kräftig mit Muskat, Salz und Pfeffer würzen und die Milch unter das Püree mischen. ***4*** Die Schalotten klein schneiden und mit den Herbsttrompeten in Butter ca. 5 Minuten anbraten. Mit Salz und Pfeffer würzen und die gehackte Petersilie untermischen. ***5*** Püree und Herbsttrompeten auf angewärmten Tellern anrichten und mit etwas Kürbiskernöl und einigen Kürbiskernen dekorieren.

Tipp

Das Püree hat eine angenehm helle Farbe und kontrastiert gut mit den Herbsttrompeten und der Petersilie. Es ist ein komplettes Essen, kann aber auch mit Fisch, z. B. auf der Haut gebratenem Zander, oder mit kurz gebratenem Fleisch serviert werden. Wer keine frischen Herbsttrompeten bekommt, kann auf Pfifferlinge oder Steinpilze ausweichen. Beide passt farblich und geschmacklich gut zum Kürbispüree.

Supreme vom Perlhuhn mit Kürbis-Sellerie-Gemüse

Zutaten

4 Perlhuhnsupremes | Salz | 2 Stängel Rosmarin | 1 EL Butterschmalz | 250 g Zucchini | 250 g Hokkaidokürbis | 2 Schalotten | 350 g Wurzelsellerie | 20 g Butter | 1 EL Mehl | 100 ml Gemüsebrühe | 100 g Crème fraîche oder Sauerrahm | Pfeffer | Schnittlauch

Zubereitung

1 Perlhuhnsupremes gut salzen und mit dem gehackten Rosmarin bestreuen. Einige Stunden oder über Nacht im Kühlschrank marinieren. *2* Backofen auf 180 °C (150 °C Umluft) vorheizen. *3* Butterschmalz in einer schweren Pfanne erhitzen und die marinierten Perlhuhnsupremes von beiden Seiten gut 3 Minuten anbraten. *4* Das Fleisch im Backofen 15 Minuten auf der mittleren Schiene fertig braten. *5* Die Zucchini und den Kürbis waschen, entkernen und in Würfel schneiden. Schalotten und Sellerie schälen und in Würfel schneiden. *6* Die Schalotten in Butter glasig anschwitzen und Kürbis und Sellerie dazugeben. Bei milder Hitze 5 Minuten braten, ohne dass das Gemüse Farbe annimmt. Das Mehl einsieben und mit der Gemüsebrühe ablöschen. Dabei umrühren, damit keine Klümpchen entstehen. *7* Die Crème fraîche oder den Sauerrahm dazugeben und nach Geschmack mit Salz und Pfeffer würzen. Erst dann die gewürfelten Zucchini zugeben. *8* 10 Minuten bei schwacher Hitze und offenem Topf köcheln lassen. *9* Auf vorgewärmten Tellern mit dem Kürbis-Sellerie-Gemüse anrichten und mit frisch geschnittenem Schnittlauch bestreuen.

Tipp

Gut dazu passen in Rosmarinbutter angeschwenkte Bamberger Hörnla oder eine andere vorwiegend festkochende bzw. festkochende Kartoffelsorte. Wer einen schönen Farbkontrast setzen mag und einen gut sortierten Feinkosthändler hat, kann auch blaue Vitelotte-Kartoffeln nehmen. Diese werden in der Schale gekocht, da sie sonst die Farbe verlieren. Schälen, in Stücke schneiden und in Rosmarinbutter anschwenken. Zusammen mit dem Gelb des Kürbisses, der Farbe des Perlhuhns und dem Grün des Schnittlauchs ergibt sich auf dem Teller ein reizvolles Farbzusammenspiel. Da die violetten Kartoffeln mehlig kochen, kann man damit auch ein violettes Püree zubereiten.

Schwarzwurzel-Kürbis-Quiche

Zutaten

Mürbteig: 250 g 630er Dinkelmehl | 125 g Butter | 1 Ei | 1 EL Wasser | ½ TL Salz |
Füllung: 300 g Schwarzwurzeln | 50 ml Weißwein | 300 g Hokkaidokürbis | 120 g durchwachsener Räucherspeck | Butterschmalz | 1 Zwiebel | 1 Knoblauchzehe | 250 ml Gemüsebrühe | Salz | Pfeffer | 3 Eier | 150 g Crème fraîche oder Sauerrahm | 100 g würziger geriebener Käse (z. B. Gruyère) | 1 gehäufter EL Kürbiskerne | Schnittlauch

Zubereitung

1 Backofen auf 200 °C (170 °C Umluft) vorheizen. ***2*** Mehl, Butter, Ei, Wasser und Salz in eine Schüssel geben, mit einem Messer die Butter zerkleinern und mit den anderen Zutaten vermengen. Zu einer Kugel kneten, diese in Klarsichtfolie wickeln und 30 Minuten kühl stellen. ***3*** Die Schwarzwurzeln reinigen, schälen (Vorsicht: Die Schwarzwurzeln sondern einen klebrigen Extrakt ab, daher am besten Gummihandschuhe benutzen!) und würfeln. Sofort in einen Teil des Weißweins einlegen, damit sie sich nicht verfärben. Den Kürbis waschen und in kleine Würfel schneiden. ***4*** Den Speck in Würfel schneiden und in einem Topf mit 10 g Butterschmalz anrösten. Die geschnittene Zwiebel, den kleingewürfelten Kürbis und die Schwarzwurzeln dazugeben und 2 Minuten braten. Zum Schluss den fein gehackten Knoblauch dazugeben und nur ganz kurz mitbraten. Mit der Gemüsebrühe und dem restlichen Weißwein ablöschen, mit Salz und Pfeffer würzen und 5 Minuten mit geschlossenem Deckel köcheln lassen. ***5*** Den Boden einer Springform (26 oder 28 cm) mit Backpapier auslegen, den gekühlten Mürbteig ausrollen, in die Springform legen und einen ca. 3–4 cm hohen Rand formen. ***6*** Die Kürbis-, Schwarzwurzel- und Speckwürfel abgießen und in der Springform verteilen. ***7*** Die drei Eier mit Crème fraîche oder Sauerrahm, der Hälfte des Käses und den Kürbiskernen vermischen, mit Salz und Pfeffer sehr würzig abschmecken und über die Kürbis-Schwarzwurzel-Speckmischung in die Springform gießen. Den Rest des Käses darüberstreuen. ***8*** Im Backofen 45 Minuten backen, kurz abkühlen lassen und noch warm mit Schnittlauchröllchen und einigen Kürbiskernen auf flachen Tellern servieren.

Tipp

Die Füllung kann mit getrockneten und vorher eingeweichten Pilzen (Herbsttrompeten, Steinpilzen) verfeinert werden. Auch Kräuter wie Zitronenthymian oder Rosmarin passen geschmacklich gut zu diesem Gericht. Man kann auch andere Käsesorten wie Parmesan oder Emmentaler verwenden. Auf dem Bild wurde eine kleine Springform mit 18 cm Durchmesser benutzt. Die Mengenangaben für diese Form halbieren sich und reichen für 2 Personen als Hauptgericht (z. B. mit Salat) oder für vier Personen als Vorspeise.

Beilagen

Kartoffel-Kürbis-Puffer

Zutaten

400 g mehlig kochende Kartoffeln | Zitronensaft | 400 g Hokkaidokürbis | 1 große Gemüsezwiebel | 3 Eier | 4 EL Kartoffelstärke | Salz | Pfeffer | Muskat | Piment | Butterschmalz oder raffiniertes Olivenöl zum Ausbacken

Zubereitung

1 Kartoffeln schälen, reiben und mit dem Zitronensaft vermengen, damit sich die Kartoffelmasse nicht verfärbt. *2* Kürbis waschen, entkernen und reiben. *3* Zwiebel klein hacken und kurz in der Pfanne glasig werden lassen. *4* Den geriebenen Kürbis mit den Kartoffeln vermischen und die entstandene Flüssigkeit abgießen, falls nötig in einem sauberen Küchenhandtuch trocken pressen. *5* Mit Eiern, Zwiebel, Stärke und Gewürzen vermischen. *6* Pro Puffer einen Esslöffel Masse in die heiße Pfanne geben und mit dem Löffel flach drücken. Bei guter Hitze auf beiden Seiten knusprig braun anbraten.

Tipp

Die Puffer können als Beilage serviert werden, aber auch süß mit Apfel-Kürbis-Kompott gegessen werden. Die milde Gemüsezwiebel schmälert den Genuss keineswegs. Alternativ zu Muskat und Piment kann auch eine gute Currymischung verwendet werden. Gehackte Kräuter (Petersilie, Rosmarin, Majoran) geben zusätzliche Farbe und guten Geschmack.

Kürbis-Gnocchi mit Rosmarinbutter

Zutaten

400 g Hokkaidokürbis | 400 g mehlig kochende Kartoffeln | 2 Eigelb | Salz | Muskat | 100 g Parmesan | 200 g Mehl | 120 g Butter | 4 Stängel Rosmarin

Zubereitung

1 Backofen auf 200 °C (180 °C Umluft) vorheizen. *2* Den Kürbis waschen, von den Kernen befreien und in Spalten schneiden. Kartoffeln waschen, große Kartoffeln halbieren. *3* Auf einem mit Backpapier ausgelegten Backblech Kürbisspalten und Kartoffeln ca. 45 Minuten backen, bis sie weich sind. *4* Kartoffeln schälen bzw. Fleisch aus der Schale kratzen. Kartoffeln und Kürbis durch eine Kartoffelpresse in eine Schüssel drücken. *5* Mit den Eigelben, Salz und Muskat nach Geschmack und der Hälfte des frisch geriebenem Parmesans zu einem glatten Teig verkneten. Dabei Mehl nach Bedarf dazugeben, bis der Teig nicht mehr klebt. *6* In Portionen teilen und auf bemehlter Fläche zu daumendicken Rollen formen. Diese in 3 cm lange Stücke schneiden, mit bemehlten Händen zu flachgedrückten Kugeln rollen und mit einer Gabel Kerben einprägen. *7* Einen Topf mit Salzwasser zum Kochen bringen, die Hitze zurücknehmen und die Gnocchi 3–5 Minuten im Wasser ziehen lassen, bis sie oben schwimmen. Mit einer Schaumkelle abschöpfen und in einem Sieb abtropfen lassen. *8* Butter in einer Pfanne erhitzen, die Gnocchi darin schwenken und nach Geschmack Farbe annehmen lassen. Nach ca. 1 Minute den gehackten Rosmarin dazugeben. *9* Mit frisch geriebenem Parmesan und etwas Butter servieren.

Tipp

Anstelle des Rosmarins kann auch Salbei genommen werden. Diesen aber spät in die Pfanne geben, da er leicht verbrennt. Wer will, kann neben Kürbis auch Sellerie oder Pastinake nehmen, sollte aber die Verhältnisse ändern: Auf 600 g Kartoffeln kommt 200 g Wurzelgemüse, das gekocht wird. Vor dem Pressen gut abdampfen lassen und wenn nötig mit Küchenkrepp trocknen.

Kürbis-Püree

Zutaten

500 g Hokkaidokürbis | 300 ml Gemüsebrühe | 20 g Butter | 125 ml Milch | Salz | Pfeffer | Muskat

Zubereitung

1 Kürbis waschen, entkernen und in Würfel schneiden. In der Gemüsebrühe 10 Minuten weich kochen. *2* Butter erhitzen, die Milch dazugeben, mit Salz, Pfeffer und Muskat abschmecken. *3* Die Kürbiswürfel aus der Brühe nehmen und in einer Schüssel zu Püree zerstampfen. Dabei von der gewürzten Milch dazugießen, bis die gewünschte Konsistenz erreicht ist.

Tipp

Dieses Püree kann auch mit anderen Wurzelgemüsesorten hergestellt werden. Probieren Sie einfach mal Karotten-, Petersileinwurzel-, Pastinaken-, oder Selleriepüree. Wenn Ihnen nur Wurzelgemüse zu geschmacksintensiv ist, können Sie es auch mit mehlig kochenden Kartoffeln kombinieren.

Kürbis in Butter geschmälzt

Zutaten

500 g Kürbis (Hokkaido, Acorn oder Butternut) | 20 g Butter | Meersalz

Zubereitung

1 Den Kürbis reinigen, Acorn- oder Butternutkürbis schälen und mit einem Löffel entkernen. In Würfel schneiden oder mit einem Kugelausstecher Kugeln ausstechen. Da dadurch Abfall entsteht, die Kürbismenge nach Bedarf vergrößern. *2* Butter im Topf erhitzen, ohne dass sie Farbe annimmt, und den Kürbis dazugeben. Nach kurzem Schwenken mit geschlossenem Deckel bei milder Hitze gar ziehen lassen. Die verschiedenen Sorten haben unterschiedliche Garzeiten und auch die Größe der Würfel bzw. Kugeln spielt beim Garen eine Rolle. *3* Mit Meersalz abschmecken.

Tipp

Für diese einfache Beilage gibt es nahezu unendliche Variationsmöglichkeiten. Da Kürbis mild im Eigengeschmack ist, kann er vielfältig verändert werden: klassisch mit Mehlschwitze, Gemüsebrühe und Sahne, aber auch mit Sauerrahm oder Crème fraîche. Mit etwas weißem Balsamico abgeschmeckt bekommt der Kürbis eine interessante Note. Auch durch Kräuter lassen sich interessante geschmackliche Variationen erzielen, z. B. mit frischem Estragon, Rosmarin oder Salbei. Wer internationaler würzen will, versucht es mit Ras-el-Hanout, Safran oder Curry und Kokosmilch.

Kürbis-Curry

Zutaten

250 g Muskatkürbis | 150 g Zucchini (gelb oder grün) | 100 g Staudensellerie | 100 g Petersilienwurzeln | 100 g Frühlingszwiebeln | Erdnussöl | 1 EL grüne Currypaste | 400 ml Kokosmilch | Salz | Pfeffer | 1 EL Limettensaft | 1 EL Sesamöl

Zubereitung

1 Das Gemüse waschen, beim Kürbis Kerne entfernen, schälen und alle Gemüsesorten klein schneiden. ***2*** Zuerst den weißen Teil der Frühlingszwiebeln, Petersilienwurzeln und Kürbis in eine heiße Pfanne mit Erdnussöl geben und 3 Minuten bei großer Hitze unter Rühren anbraten. Dann den Staudensellerie und die Currypaste dazugeben und weitere 2 Minuten braten. ***3*** Die Kokosmilch und das Sesamöl dazugeben, nach Geschmack mit Salz, Pfeffer und Limettensaft abschmecken und die Kokosmilch etwas einreduzieren lassen. Das Gemüse sollte noch Biss haben. Ganz zum Schluss das Grün der Frühlingszwiebel darüberstreuen. Gut dazu passt aromatischer Basmati-Reis.

Tipp

Wer es scharf mag, würzt noch mit frischem Chili, der entweder zuletzt frisch über den Curry gegeben wird oder mit dem Kürbisfleisch zusammen angebraten wird. Viele Variationen sind möglich: Lassen Sie sich einfach vom saisonalen Gemüseangebot leiten. Achten Sie dabei immer auf die Garzeiten. Wurzelgemüse benötigt eine längere, Blattgemüse (z. B. Spinat) eine ganz kurze Garzeit.

Kürbis-Flammkuchen

Zutaten

Salziger Hefeteig: siehe Grundrezept auf Seite 85
Belag: 150 g Hokkaidokürbis | 1 Zwiebel | 50 g Lauch | 20 g Butter | gehackter Rosmarin | 1 Becher Sauerrahm | Salz | Pfeffer | 1 Knoblauchzehe | Kümmel

Zubereitung

1 Den salzigen Hefeteig nach Grundrezept zubereiten und zugedeckt an einem warmen Ort 45 Minuten gehen lassen. *2* Backofen auf 210 °C (200 °C Umluft) vorheizen. *3* Kürbis, Zwiebel und Lauch klein schneiden. *4* Den Hefeteig ausrollen und in eine gefettete Form oder auf ein Blech mit Backpapier legen. *5* Die Zwiebel und den Lauch kurz in Butter anbraten und den Kürbis und den gehackten Rosmarin dazugeben. *6* Den Sauerrahm kräftig mit Salz und Pfeffer würzen und fein gehackten Knoblauch, die zerlassene Butter, die vom Anbraten des Lauchs übrig ist, hinzugeben und auf den Teig streichen. *7* Kürbis, Lauch, Zwiebel und Kümmel gleichmäßig verteilen und 20 Minuten backen.

Tipp

Man kann den Teig schon am Vortag ansetzen, er wird dann feiner und großporiger und schmeckt noch besser. Nur mit etwas Öl bestrichen und mit gehacktem Rosmarin und Salz darüber ist er eine vorzügliche Beilage zu jedem Essen, genannt Focaccia.

Kürbis-Pesto

Zutaten

300 g Kürbis (Hokkaido, Muskat oder Butternut) | 80 g Pinienkerne | 100 g Parmesan | 1 Knoblauchzehe | Meersalz | Pfeffer | Olivenöl | Petersilie

Zubereitung

1 Backofen auf 200 °C (180 °C Umluft) vorheizen. *2* Den Kürbis entkernen, falls nötig schälen (Hokkaido muss nicht geschält werden) und in Würfel schneiden. Auf einem Blech 45 Minuten im Backofen weich backen. Abkühlen lassen und pürieren. *3* Pinienkerne trocken leicht anrösten (Vorsicht: Sie brennen schnell an!) und klein hacken. *4* Den Parmesan reiben und die Knoblauchzehe fein hacken. *5* Alle Zutaten vermengen, mit Salz und Pfeffer würzen und Öl nach Geschmack beimischen, bis eine weiche Paste entsteht. *6* In ein Glas abgefüllt hält sich das Pesto im Kühlschrank ca. eine Woche. Mit Spaghetti oder einer anderen Nudelsorte servieren. Parmesan und etwas kleingeschnittene Petersilie darüber streuen.

Tipp

Das Pesto kann auch mit gutem Walnussöl oder alternativ zu den Pinienkernen mit Walnüssen hergestellt werden. Auch Kürbiskerne und Kürbiskernöl sind geeignet. Nur sollte dabei ein Teil des Kernöls wegen des intensiven Geschmacks durch Olivenöl ersetzt werden. Auch als Brotaufstrich verwendbar.

Panierte Kürbisspalten

Zutaten

1 großer Hokkaidokürbis (ca. 1 kg) | 500 ml Geflügelbrühe | Mehl | Salz | Pfeffer | 2 Eier | Paniermehl | Butter

Zubereitung

1 Kürbis waschen, entkernen und in gleich große Spalten schneiden. *2* Hühnerbrühe aufkochen und die Kürbisspalten darin kurz blanchieren. Der Kürbis sollte nicht zu weich werden. Abkühlen lassen. *3* Die Spalten in Mehl wenden, danach in den mit Salz und Pfeffer gewürzten, verquirlten Eiern und zuletzt in Paniermehl wenden. *4* In der Pfanne in Butter goldbraun braten oder mit zerlassener Butter beträufeln und im Backofen bei 200 °C (180 °C Umluft) 20 Minuten backen und die letzten Minuten den Grill mit einschalten.

Tipp

Die Kürbisspalten schmecken gut zu frischem, gedämpftem Spinat und Spiegeleiern. Wer es gerne kräftiger mag, kann einige Scheiben Räucherspeck mit anbraten. Sie eignen sich auch als Beilage zu anderen Gerichten, dann wird für vier Personen nur ein halber Kürbis benötigt. Die Spalten können halbiert werden.

Kürbis-Chips

Zutaten

1 kleiner Hokkaidokürbis | 700 ml Pflanzenöl zum Frittieren | Salz

Zubereitung

1 Kürbis in feine Scheiben hobeln und mit Küchenkrepp trocken tupfen. *2* Im heißen Öl frittieren (das Öl ist heiß genug, wenn sich am Stiel eines Holzlöffels Bläschen bilden). *3* Auf einem Gitter abtropfen lassen und noch warm mit Salz bestreut servieren oder ganz klassisch belgisch ein zweites Mal im Fett ganz kross frittieren.

Tipp

Sie brauchen dazu keine Fritteuse. Frittieren können Sie auch in einem kleinen, hohen Edelstahltopf. Die Chips eignen sich wunderbar als Beilage, können aber auch als Snack gegessen werden. Backen Sie keine zu großen Mengen aus: Sie schmecken frisch am besten, sind aber recht fett und deshalb auch recht üppig. Das Frittieröl kann mehrfach verwendet werden, sollte aber nach dem Abkühlen durch ein sauberes Küchenhandtuch gefiltert werden.

Süßes

Gebrannte Kürbiskerne

Zutaten

200 g Zucker | 200 g Kürbiskerne

Zubereitung

1 Die Hälfte des Zuckers in einer Pfanne erhitzen, bis er anfängt zu schmelzen. *1* Die Kürbiskerne dazugeben, unter stetigem Rühren den Zucker karamellisieren lassen und die Kerne rösten. Die Hitzezufuhr drosseln. *3* Nach und nach weiteren Zucker dazugeben und darauf achten, dass er nicht mehr ganz schmilzt. Dabei ständig weiterrühren.
4 Wenn sich eine Zuckerschicht gebildet hat, die Kerne auf ein mit Backpapier ausgelegtes Backblech kippen, gleichmäßig verteilen und abdampfen lassen.

Tipp

Die gebrannten Kürbiskerne gehen schnell und schmecken pur ganz vorzüglich, eignen sich aber auch gut zum Dekorieren von Süßspeisen.

Kandierter Kürbis

Zutaten

300 g Kürbis (Butternut) | 800 g Zucker | Schale und Saft einer unbehandelten Limette oder Zitrone

Zubereitung

1 Den Kürbis waschen, schälen, Kerne entfernen und in 4 mal 1 cm große Stücke schneiden. *2* Wasser zum Kochen bringen und die Kürbisstäbchen 3 Minuten blanchieren. Der Kürbis soll etwas Wasser aufnehmen, darf dabei aber nicht weich werden. Die Kürbisstücke auf ein Gitter legen. *3* 500 g Zucker in 500 ml warmem Wasser auflösen und Zitronen- oder Limettenschale und -saft dazugeben. *4* Die Kürbisstücke in die noch warme Zuckerlösung legen und an einem kühlen Ort 48 Stunden ruhen lassen. *5* Die Kürbisstücke aus dem Sirup entfernen und weitere 100 g Zucker in der Zuckerlösung auflösen. Sie kann dazu auch erwärmt werden. Die Kürbisstücke wieder einlegen und nochmals 24 Stunden an einem kühlen Ort ruhen lassen. *6* Den Vorgang zweimal wiederholen. *7* Die Stücke aus der Zuckerlösung nehmen und auf einem Gitter trocknen lassen. Durch Osmose wurde ein großer Teil des Zellwassers durch Zucker ersetzt.

Tipp

Die Stäbchen können gleich gegessen oder für andere Rezepte und zur Dekoration von Desserts verwendet werden. Man kann sie aber auch wie Zitronat gehackt für viele andere Rezepte verwenden.

Kürbis-Aprikosen-Konfekt

Zutaten

150 g Kürbis (Hokkaido) | 80 g getrocknete Aprikosen | 10 ml Orangenlikör | 200 g Marzipan-Rohmasse | 150 g Puderzucker | abgeriebene Schale einer ½ Bio-Orange | 120 g geriebene Haselnüsse | 200 g dunkle Kuvertüre | Ergibt ca. 60 Stück

Zubereitung

1 Den Kürbis grob würfeln und in kochendem Wasser höchstens 5 Minuten weich kochen. Das Fleisch darf dabei nicht zerfallen. Wasser abgießen, den Kürbis gut abdampfen lassen und mit der Hälfte der Aprikosen im Mixer pürieren. Den Rest der Aprikosen fein hacken. ***2*** Die gehackten Aprikosen mit dem Orangenlikör übergießen und 20 Minuten ziehen lassen. ***3*** Mit dem Kürbismus mischen, Marzipan-Rohmasse, Puderzucker und die abgeriebene Orangenschale dazugeben und mit 70 g der Haselnüsse zu einer glatten Masse kneten. Mit einem Teelöffel in Portionen teilen und Kugeln mit einem Durchmesser von 2 cm formen. Dabei die Masse in den geriebenen Haselnüssen wälzen. ***4*** Auf ein Backblech legen und über Nacht an einem kühlen Ort trocknen lassen. ***5*** Die Kuvertüre hacken und vorsichtig über dem Wasserbad schmelzen lassen. ***6*** Die Aprikosenkugeln zur Hälfte in die Kuvertüre tauchen und auf dem Backblech oder einem Gitter fest werden lassen. Wer will, kann die Kugeln auch mit einer Gabel ganz eintauchen.

Tipp

Die Kugeln schmecken auch ohne Schokolade. Variationen sind möglich: Man kann mit unterschiedlichen Likören experimentieren, Pistazien in die Mitte der Kugel kneten oder die Kugeln in weiße Kuvertüre tauchen und danach in Kokosraspeln oder Krokant wälzen.

Kürbis-Hefezopf

Zutaten

Süßer Hefeteig: siehe Grundrezept auf Seite 85 und 1 Eigelb zum Bestreichen
Füllung: 150 g Hokkaidokürbis | 150 g geriebene Mandeln | 150 g Zucker | 2 Eier | 1 TL Zimt | 20 ml Amaretto | Puderzucker

Zubereitung

1 Den Hefeteig nach Grundrezept zubereiten und zugedeckt an einem warmen Ort 45 Minuten gehen lassen. ***2*** Den Kürbis reinigen, entkernen und raspeln. ***3*** Für die Füllung die Zutaten mischen und mit dem Amaretto und wenig Wasser zu einer cremigen, glatten Masse rühren. ***4*** Den Backofen auf 200 °C (180 °C Umluft) vorheizen. ***5*** Den Hefeteig zu einem Rechteck mit ungefähr 50 cm Kantenlänge ausrollen und die Füllmasse daraufstreichen. In drei Streifen schneiden und jeden Streifen zu einer Rolle rollen. Daraus den Zopf flechten und nochmals 15 Minuten gehen lassen und mit Eigelb bestreichen. ***6*** 35 Minuten auf einem mit Backpapier belegten Blech auf der mittleren Schiene des Backofens backen. ***7*** Vor dem Servieren mit Puderzucker bestäuben. Dazu passt Kürbis-Kompott.

Kürbis-Kompott

Zutaten

400 ml Weißwein | 5 EL Ahornsirup | ½ Sternanis | ½ Vanilleschote | 2 Kardamomkapseln | 3 Wacholderbeeren | 300 g fester Kürbis (Butternut)

Zubereitung

1 Aus dem Weißwein, dem Ahornsirup und den Gewürzen einen Gewürzsud kochen. ***2*** Den gereinigten, geschälten, entkernten und in Würfel geschnittenen Kürbis dazugeben, kurz aufkochen lassen und bissfest weich kochen. ***3*** Hält sich, heiß in ein Schraubglas gefüllt, mehrere Wochen.

Tipp

Wer will, kann die Gewürze (ohne die Vanille) kurz trocken anrösten. Das verstärkt deren Geschmack. Beim Würzen kann auch experimentiert werden: Den Gewürzsud mit etwas Safran oder Anissamen oder Koriander oder Zimtrinde probieren. Dabei zählt der persönliche Geschmack.

Kürbis-Strudel

Zutaten

Teig: 250 g 405er Mehl | Salz | 2 Eier | 2 EL Öl | 2 halbe Eierschalen lauwarmes Wasser | Eigelb zum Bestreichen | Puderzucker
Füllung: 400 g Muskatkürbis | 3 säuerliche mittelgroße Äpfel (z. B. Boskoop) | 80 g Walnüsse | Zucker | Zimt | Butter | 2 cl Orangenlikör

Zubereitung

1 In das Mehl auf der Arbeitsfläche mittig eine Vertiefung drücken und eine Prise Salz, die Eier, das Öl sowie das Wasser dazugeben und durchkneten, bis der Teig glatt und elastisch ist. Zu einer Kugel formen und in Frischhaltefolie gewickelt 30 Minuten ruhen lassen. *2* Den Kürbis waschen, entkernen, schälen und mit einem Gemüsehobel fein hobeln, die Äpfel in Scheiben schneiden, die Walnüsse hacken. *3* Den Strudelteig auf einem gut bemehlten sauberen Küchenhandtuch ausrollen und vorsichtig dünn ausziehen.
4 Den Backofen auf 200 °C (180 °C Umluft) vorheizen. *5* Kürbisstreifen, Äpfel und Walnüsse auf dem Teig verteilen, Zucker und Zimt darüberstreuen, Butterflocken großzügig darauf verteilen und mit dem Orangenlikör beträufeln. *6* Das Küchenhandtuch am Rand fassen, mit seiner Hilfe den Strudel zusammenrollen und mit Eigelb bestreichen.
7 Mit Puderzucker bestäubt noch heiß servieren.

Tipp

Gut zum Strudel passt frisch geschlagene Sahne oder eine Vanillesoße. Aber auch pur schmeckt er lecker. Die Füllung kann auch mit Quark gemacht werden. Dafür die Zutaten zu einer Masse zusammenrühren und auf dem Strudelteig verteilen. Kürbis, Äpfel und Nüsse können auch geraspelt werden.

Parfait mit Öl vom steirischen Ölkürbis

Zutaten

200 g Muskatkürbis | 1 Vanillestange | 100 ml Weißwein | ½ Sternanis | 10 ml Orangenlikör | 80 g Zucker | 3 Eigelbe | 200 ml Sahne | 1 EL Kürbiskernöl

Zubereitung

1 Kürbis waschen, schälen, entkernen und in Würfel schneiden. ***2*** Die Vanillestange der Läge nach aufschneiden und das Mark entfernen. ***3*** Den Kürbis, Weißwein, Vanillemark und -stange und den Sternanis in einem Topf aufkochen und 12 Minuten mit geschlossenem Deckel köcheln lassen. Die Vanillestange und den Anis entfernen, die Masse pürieren und zum Schluss den Orangenlikör dazugeben. ***4*** Über dem Wasserbad den Zucker und Eigelbe zu einer cremigen Masse aufschlagen – sie darf nicht kochen, da das Eigelb sonst gerinnt. Abkühlen lassen. ***5*** Sahne schlagen. Diese, die abgekühlte Kürbismasse und die Eiermasse in einer Schüssel vorsichtig mischen und in einer Kasten- oder Porzellanform im Gefrierschrank einfrieren. Die Masse kann auch portionsweise in kleine Förmchen gefüllt und eingefroren werden.

Tipp

Das Parfait sollte rechtzeitig vor dem Verzehr aus dem Gefrierschrank geholt werden und im Kühlschrank ganz leicht antauen. Um das Parfait aus der Form zu bekommen, kann man es kurz in warmes Wasser stellen und dann stürzen. Mit einem in warmes Wasser getauchten Messer schneiden. Dazu passt sehr gut eine Orangengrütze oder passend zur Jahreszeit ein Apfelkompott. Es kann auch einfach mit etwas nicht zu fest geschlagener Sahne und gehackten, gerösteten Kürbiskernen serviert werden. Wer es aufwändiger mag, nimmt gebrannte Kürbiskerne (Seite 67) zur Dekoration.

Kleine Kürbis-Torte

Zutaten

Teig: 2 Eier | 100 g Zucker | 30 g Butter | 50 g 405er Mehl | 50 g Speisestärke | 1 gestrichener TL Backpulver
Füllung: 200 g halbfetter Quark | 50 ml Sahne | Zucker | 20 ml Orangenlikör | 3 Blatt weiße Gelatine
Belag: 150 g Butternutkürbis | 150 g Äpfel | 200 ml Apfelsaft | Zucker | 1 Päckchen Tortenguss | 50 ml Weißwein

Zubereitung

1 Backofen auf 200 °C (180 °C Umluft) vorheizen. *2* Die Eier trennen und das Eiweiß mit 50 g Zucker zu steifem Schaum schlagen. Die Butter in einem kleinen Topf erhitzen und zum Abkühlen beiseite stellen. *3* Das Eigelb und 2 EL kochendes Wasser schaumig rühren. Den restlichen Zucker dazugeben und weiter rühren, bis eine helle Creme entstanden ist. *4* Den Eischnee dazugeben. Das Mehl, die Stärke und das Backpulver auf den Eischnee sieben, die abgekühlte Butter darübergießen und alles vorsichtig unterheben, bis eine gleichmäßige Masse entstanden ist. *5* In die mit Backpapier ausgelegte kleine Springform mit 18 cm Durchmesser geben und im vorgeheizten Backofen 20 Minuten backen. Dabei den Backofen nicht öffnen, weil der Biskuitboden sonst zusammenfällt. *6* Den Biskuitboden in zwei Teile schneiden und den unteren Biskuitboden in die Springform legen. *7* Für die Füllung den Quark und die Sahne verrühren, 2 EL Zucker und den Likör hinzugeben. Gelatine einweichen und nach 5 Minuten in einem Topf mit wenig Wasser bei geringer Hitze (nicht kochen!) auflösen. Die kalte Quark-Sahne-Masse zur aufgelösten Gelatine geben und zügig unterheben. *8* Die Quark-Sahne-Masse auf den unteren Biskuitboden geben, den oberen Biskuitboden daraufsetzen und im Kühlschrank fest werden lassen. *9* Die Äpfel und den geschälten Kürbis in kleine Würfel schneiden und mit dem Apfelsaft aufkochen, bis Kürbis und Äpfel noch leicht bissfest sind. Mit 2 EL Zucker süßen. Den Tortenguss im Weißwein glatt rühren und zum abgekühlten Kürbis-Apfel-Kompott geben. Erneut aufkochen und noch heiß auf den oberen Biskuitboden gießen. Bei Bedarf kann der Rand der Backform mit Backpapier erhöht werden. Im Kühlschrank fest werden lassen.

Tipp

Am besten schmeckt die Torte mit Schlagsahne. Sie kann mit allen Beerenfrüchten zubereitet werden. Am besten mit zwei Backformen arbeiten: Dann doppelte Mengen für den Biskuitteig nehmen und den zweiten Biskuitboden einfrieren.

Kürbli-Kuchen

Zutaten

250 g Kürbis (Hokkaido oder Butternut) | 5 Eier | 250 Zucker | 1 Päckchen Vanillezucker | 250 g geriebene Haselnüsse | 50 g Mehl | ½ Päckchen Backpulver | 50 g Kürbiskerne | Puderzucker

Zubereitung

1 Backofen auf 200 °C (180 °C Umluft) vorheizen. *2* Den Kürbis reinigen, Butternut schälen, entkernen und fein raspeln. *3* Die Eier trennen und die Eiweiße mit 50 g Zucker stichfest zu Eischnee schaumig schlagen. *4* Die Eigelbe mit dem restlichen Zucker und dem Vanillezucker 5 Minuten zu hellem Schaum aufschlagen. *5* Den Eischnee und die Haselnüsse hinzufügen, Mehl und Backpulver hineinsieben und alle Zutaten vorsichtig unterheben. *6* Den geraspelten Kürbis und die Kürbiskerne dazugeben und unterheben. Die Masse in eine Kastenform füllen. *7* Im Backofen 45 Minuten backen. Die Backofentür während des Backens nicht öffnen, da sonst der Kuchen in sich zusammenfallen kann. *8* Nach dem Backen aus der Form nehmen und mit Puderzucker bestreuen.

Tipp

Dieser Kuchen kann auch mit Möhren gebacken werden. Interessant sind auch Pastinaken mit ihrem leicht süßlichen Geschmack. Dieser Kuchen kann gut mit Kürbiskernöl gefärbt werden: Es verleiht ihm eine ungewöhnliche, leicht grüne Einfärbung. Wer es mag, kann den Kuchen auch mit Kuvertüre glasieren oder einen Guss aus 200 g Puderzucker, 2 EL Zitronensaft und 1 EL heißem Wasser machen. Dafür den Puderzucker in eine kleine Schüssel sieben, mit Zitronensaft und Wasser zu einer dickflüssigen Masse glatt rühren, auf den Kuchen streichen und trocknen lassen.

Kürbis-Krapfen

Zutaten

Teig: 150 g Hokkaidokürbis | 30 g Butter | 250 g 405er Mehl | 1 Prise Salz | 125 ml lauwarmes Wasser oder Milch | 20 g Hefe (½ Würfel) | 3 EL Zucker | 1 Ei
Zum Ausbacken: 200 g Butterschmalz | 500 g Kokosfett
Zum Wälzen: 100 g Zucker

Zubereitung

1 Den Kürbis reinigen, entkernen und grob raspeln. *2* 30 g Butter schmelzen und etwas abkühlen lassen. *3* Das Mehl mit der Prise Salz in eine ausreichend große Schüssel geben und in die Mitte eine Vertiefung drücken. Dort hinein das Wasser oder die Milch geben und die Hefe einrühren. 5 Minuten stehen lassen. *4* Die restlichen Zutaten hinzugeben und zu einem glatten Teig rühren. *5* Von Hand durchkneten und noch Mehl bzw. Wasser oder Milch dazugeben, bis der Teig nicht mehr an den Händen kleben bleibt und sich von der Schüssel löst. *6* Abdecken und an einem zugfreien warmen Ort so lange gehen lassen, bis der Teig um das Doppelte aufgegangen ist. *7* Den geraspelten Kürbis dazugeben und unterheben. Weil der Teig dadurch wieder feuchter und klebriger wird, kann noch eine Handvoll Mehl zugegeben werden, um wieder Bindung zu schaffen. *8* Auf der bemehlten Arbeitsfläche auf 7 mm Stärke ausrollen und mit einem Ausstecher mit 5 cm Durchmesser Kreise ausstechen. *9* Schmalz und Kokosfett in einem kleinen Topf auf 180 °C erhitzen (das Öl ist heiß genug, wenn sich am Stiel eines Holzlöffels Bläschen bilden) und die Teigkreise im heißen Fett ausbacken, bis sie schön braun sind. Immer darauf achten, dass das Fett nicht zu stark abkühlt oder zu heiß wird. *10* Die fertigen Krapfen abtropfen lassen, in Zucker wälzen und möglichst frisch servieren.

Tipp

Durch den geraspelten Kürbis werden die Krapfen saftig. Man kann auch Kürbis, Apfel und gehackte Nüsse mischen oder zwei Teigkreise mit Marmelade füllen.

Kürbis-Apfel-Ingwermarmelade

Zutaten

1 Bio-Limette | 1 Bio-Orange | 350 g Äpfel (z. B. Boskoop) | 500 g Kürbis (Butternut- oder Muskatkürbis) | 25 g Ingwer | 1 kg Gelierzucker | *Füllt 6–8 Twist-Off-Gläser à 300 ml*

Zubereitung

1 Die Limette und die Orange waschen und die Schale in feine Streifen schneiden. Den Saft auspressen. ***2*** Die Äpfel schälen, das Kerngehäuse entfernen und klein schneiden. Den Limetten- und Orangensaft hinzugeben und vermischen. ***3*** Den Kürbis schälen, Kerne entfernen und klein schneiden oder fein raspeln und zu den Äpfeln geben. ***4*** Den Ingwer sehr klein schneiden und mit der Orangen- und Limettenschale zu den restlichen Zutaten geben. Den Gelierzucker unterrühren und nochmals gut mischen. 1 Stunde ruhen lassen. ***5*** Nach Kochvorschrift auf dem Gelierzucker aufkochen und in die Twist-Off-Gläser bis zum Rand füllen. ***6*** Die Gläser sofort verschließen und einige Minuten auf den Kopf stellen. Zum Abkühlen wieder umdrehen.

Kürbis-Mangomarmelade

Zutaten

500 g Mango | 500 g Kürbis (Butternut- oder Muskatkürbis) | 1 kg Gelierzucker | 1 Zitrone | 1 Vanillestange | *Füllt 6–8 Twist-Off-Gläser à 300 ml*

Zubereitung

1 Mango schälen, Kern entfernen und klein schneiden. Mit dem geschälten und fein geraspelten Kürbis und dem Gelierzucker mischen, den Saft der Zitrone hinzugeben und 1 Stunde ruhen lassen. ***2*** Die Vanillestange der Länge nach aufschneiden, mit einem kleinen Löffel das Mark auskratzen und in die Kürbis-Mango-Mischung geben. Auch der Rest der Vanilleschote kann mitgekocht werden. ***3*** Dann nach Vorschrift aufkochen und in die Twist-Off-Gläser bis zum Rand füllen. ***4*** Die Gläser sofort verschließen und einige Minuten auf den Kopf stellen. Zum Abkühlen wieder umdrehen.

Kürbis-Orangenmarmelade

Zutaten

500 g Kürbis (Butternut oder Muskatkürbis) | 2 Bio-Orangen | 500 ml Bio-Orangensaft | 1 kg Gelierzucker | 1 Zitrone | *Füllt 6–8 Twist-Off-Gläser à 300 ml*

Zubereitung

1 Den Kürbis waschen, schälen und fein raspeln. *2* Orangen waschen und mit einem Zestenschneider die Schale der Bio-Orangen abschälen oder mit einem Messer fein schneiden und die Orangenfilets aus der Orange lösen. *3* Den geraspelten Kürbis mit dem Orangensaft, dem Zucker, dem Saft der Zitrone, den Orangenzesten und -filets mischen und 1 Stunde ruhen lassen. *4* Nach Vorschrift aufkochen und in die Twist-Off-Gläser bis zum Rand füllen. *5* Die Gläser sofort verschließen und einige Minuten auf den Kopf stellen. Zum Abkühlen wieder umdrehen.

Kürbis-Quittenmarmelade

Zutaten

500 g Kürbis (Butternut oder Muskatkürbis) | 600 g Quitten | 100 ml Weißwein | 1 kg Gelierzucker | 1 Zitrone | *Füllt 6–8 Twist-Off-Gläser à 300 ml*

Zubereitung

1 Den Kürbis waschen, schälen und fein raspeln. *2* Die Quitten schälen, Kerngehäuse entfernen und klein würfeln. Mit Weißwein und der Quittenschale aufkochen und weich dünsten. Mit der Flotten Lotte oder durch ein Sieb passieren. *3* Das kleingeschnittene Kürbisfleisch mit dem Quittenpüree, dem Gelierzucker und dem Saft der Zitrone vermischen und 1 Stunde ruhen lassen. *4* Nach Vorschrift aufkochen und in die Twist-Off-Gläser bis zum Rand füllen. *5* Die Gläser sofort verschließen und einige Minuten auf den Kopf stellen. Zum Abkühlen wieder umdrehen.

Anhang

Hefeteig

Zutaten

Hefeteig süß: 50 g Butter | 500 g Mehl | 1 Prise Salz | ¼ l Milch | 1 Würfel Hefe | 60 g Zucker | 1 Ei
Hefeteig salzig: 50 g Butter | 500 g Mehl | 2 TL Salz | ¼ l Wasser oder Milch | 1 Würfel Hefe

Zubereitung (süß und salzig)

1 Die Butter schmelzen und etwas abkühlen lassen. ***2*** Das Mehl mit dem Salz in eine ausreichend große Schüssel geben und in die Mitte eine Vertiefung drücken. Dort hinein das lauwarme Wasser oder die Milch geben und die Hefe einrühren. 5 Minuten stehen lassen. ***3*** Die restlichen Zutaten und die Butter hinzugeben und zu einem glatten Teig rühren. ***4*** Von Hand durchkneten und noch Mehl bzw. Wasser oder Milch hinzugeben, bis der Teig nicht mehr an den Händen kleben bleibt und sich von der Schüssel löst. ***5*** Abdecken und an einem zugfreien warmen Ort so lange gehen lassen, bis der Teig um das Doppelte aufgegangen ist. ***6*** Beliebig weiterverarbeiten.

Gemüsebrühe

Zutaten

1 Stange Lauch | 3 Möhren | 1 Wurzelpetersilie | ½ Knolle Sellerie | 2 Zwiebeln | 4 Nelken | 50 g Butter | Salz | Pfeffer | 1 Lorbeerblatt | 1 Knoblauchzehe | 125 ml Weißwein | 2 l Wasser.
Optional: 100 g Champignons oder auch getrocknete Waldpilze | 2 getrocknete Tomaten | Kräuter | 15 g frischen Ingwer

Zubereitung

1 Lauch, Möhren, Wurzelpetersilie und Sellerie säubern, schälen und grob zerkleinern. Die Zwiebeln schälen, halbieren und mit den Nelken spicken. In einem großen Topf trocken anrösten. ***2*** Butter dazugeben und nach und nach die kleingeschnittenen Gemüseteile einrühren und kurz mitbraten. ***3*** Salz, Pfeffer, Lorbeer, Knoblauch dazugeben und mit Weißwein und Wasser ablöschen und zum Kochen bringen. ***4*** Optionale Bestandteile nach Geschmack dazugeben und gute 30 Minuten bei kleiner Hitze kochen. ***5*** Abkühlen lassen und die Brühe abgießen.

Tipp

Mit dieser Grundbrühe können Sie in viele Richtungen weiterarbeiten. Sie dient als Grundlage jeder Suppe und kann für viele andere Zwecke verwendet werden. Sie können die Suppe in passende Gefäße gefüllt auch einfrieren und bei Bedarf auftauen.

Hühnerbrühe

Zutaten

Grundzutaten wie Gemüsebrühe | 1 Suppenhuhn

Zubereitung

1 Alle Zutaten werden in einem großen Topf mit kaltem Wasser angesetzt und zum Kochen gebracht. *2* Bei kleiner Hitze 1,5 Stunden köcheln lassen. *3* Abkühlen lassen und die Brühe abgießen.

Tipp

Wie die Gemüsebrühe kann auch diese Brühe vielfach weiterverwendet werden. Zudem kann das Fleisch des gekochten Suppenhuhns als Suppeneinlage oder als Ragout verwendet werden.

Fleischbrühe

Zutaten

Grundzutaten wie Gemüsebrühe | 500 g Suppenfleisch | 5 Suppenknochen möglicherweise davon 1 oder 2 Markknochen.

Zubereitung

1 Alle Zutaten werden in einem großen Topf mit kaltem Wasser angesetzt und zum Kochen gebracht. *2* Bei kleiner Hitze 1,5 Stunden köcheln lassen. *3* Abkühlen lassen und die Brühe abgießen.

Tipp

Für alle genannten Suppenbrühen gilt gleichermaßen, dass ihr Aroma stärker wird, umso mehr die Grundbrühe bei kleiner Flamme einreduziert wird. Sie können aus Zeitmangel auf fertige Produkte zurückgreifen. Benutzen Sie dabei besser Brühe aus dem Glas und beachten Sie dabei, dass diese Produkte keine Geschmacksverstärker oder Hefeextrakte enthalten. Diese können genauso vielseitig eingesetzt werden wie selbst gekochte Brühe. Mit Gemüse- oder Kräuterpüree wird aus jeder Brühe eine gebundene Suppe, die weiter mit Sahne oder Crème fraîche verfeinert werden kann. Klare Suppen machen Sie mit kleingewürfelten oder -gestifteten Gemüseeinlagen. Was Suppeneinlagen betrifft, können Sie vom einfachen gerösteten Brotwürfel über Nudeln und Klößchen bis zu Eierstich so ziemlich alles wählen.

Register der Rezepte

B
Bachsaibling
mit Kürbis-Kartoffelbällchen ... 28

C
Kürbis-Carpaccio ... 14
Kürbis-Chips ... 63
Kürbis-Chutney ... 12
Kürbis-Curry ... 56

E
Kürbis-Eintopf mit Alblinsen ... 34

F
Kürbis-Flammkuchen ... 58

G
Kürbis in Butter geschmälzt ... 55
Gebrannte Kürbiskerne ... 66
Kürbis-Gnocchi ... 52

H
Kürbis-Hefezopf ... 70

K
Kalbsbries und Kürbismus ...32
Kandierter Kürbis ... 66
Kürbis-Krapfen ... 80
Kürbis-Kompott ... 71
Kürbis-Aprikosen-Konfekt ... 68
Kürbli-Kuchen ... 78

M
Kürbis-Marmelade mit Apfel/Ingwer ... 82
Kürbis-Marmelade mit Mango ... 82
Kürbis-Marmelade mit Orangen ... 83
Kürbis-Marmelade mit Quitten ... 83
Kürbis-Mousse ... 16

N
Kürbis-Gorgonzola-Soße mit Sepianudeln ... 36

P
Panierte Kürbisspalten ... 63
Parfait mit Öl vom steirischen Ölkürbis ... 74
Supreme vom Perlhuhn
mit Kürbis-Sellerie-Gemüse ... 44
Kürbis-Pesto ... 60
Kürbis-Pickles ... 12
Kartoffel-Kürbis-Puffer ... 50
Kürbis-Püree ... 54
Patisson-Püree
mit Herbsttrompeten und Kernöl ... 42

Q
Schwarzwurzel-Kürbis-Quiche ... 46

R
Kürbis-Risotto
mit Speck vom Mohrenköpfle ... 38

S
Kürbis-Salat ... 18
Kürbis-Strudel ... 72
Kürbis-Ingwer-Suppe ... 24
Klare Kürbis-Suppe mit Huhn ... 20
Kokos-Kürbis-Suppe ... 21
Muskatkürbis-Suppe ... 22
Kürbis-Räucherfisch-Suppe ... 25

T
Kürbis-Teigtaschen ... 40
Butternutsoße mit Kirschtomaten ... 30
Kleine Kürbis-Torte ... 76

Z
Gefüllte Zucchiniblüten ... 10

Bildnachweis

Rezepte, Konzeption, Gestaltung und Fotografie: Markus Wagner

Dank

Danken möchte ich meiner Frau Nikoline für ihre Unterstützung und Kritik sowie ihre große Geduld im Umgang mit mir und den Kürbissen, die ich über Monate überall herumstehen hatte.

Zum Autor:

Markus Wagner hat an der Kunstakademie Stuttgart Freie Grafik und Grafik-Design studiert und betreibt mit Florian Ossenbrunner zusammen das Gestaltungsbüro ossenbrunner wagner gestaltung in Stuttgart. Er kocht mit Freude und immer neuen Ideen seit mehr als 30 Jahren. Seit 2003 ist er Mitglied bei Slow Food Deutschland und findet saisonale und regionale Zutaten für seine Rezepte wichtig und gut. Der Einkauf, die Lebensmittelzubereitung und das gemeinsame Essen sind für ihn die wichtigen Eckpunkte des Tages.

www.foodie-kocht.de